Todo lo que le diría a mi yo del pasado

Papel certificado por el Forest Stewardship Council®

Primera edición: junio de 2025

Printed in Spain – Impreso en España

ISBN: 978-84-19514-42-4
Depósito legal: B-6247-2025

Compuesto en Grafime, S. L.

Impreso en Huertas Industrias Gráficas, S. A.
Fuenlabrada (Madrid)

NT 14424

NAEZNA

Todo lo que le diría a mi yo del pasado

Ilustraciones de **LENTOV**

NUBE **DE TINTA**

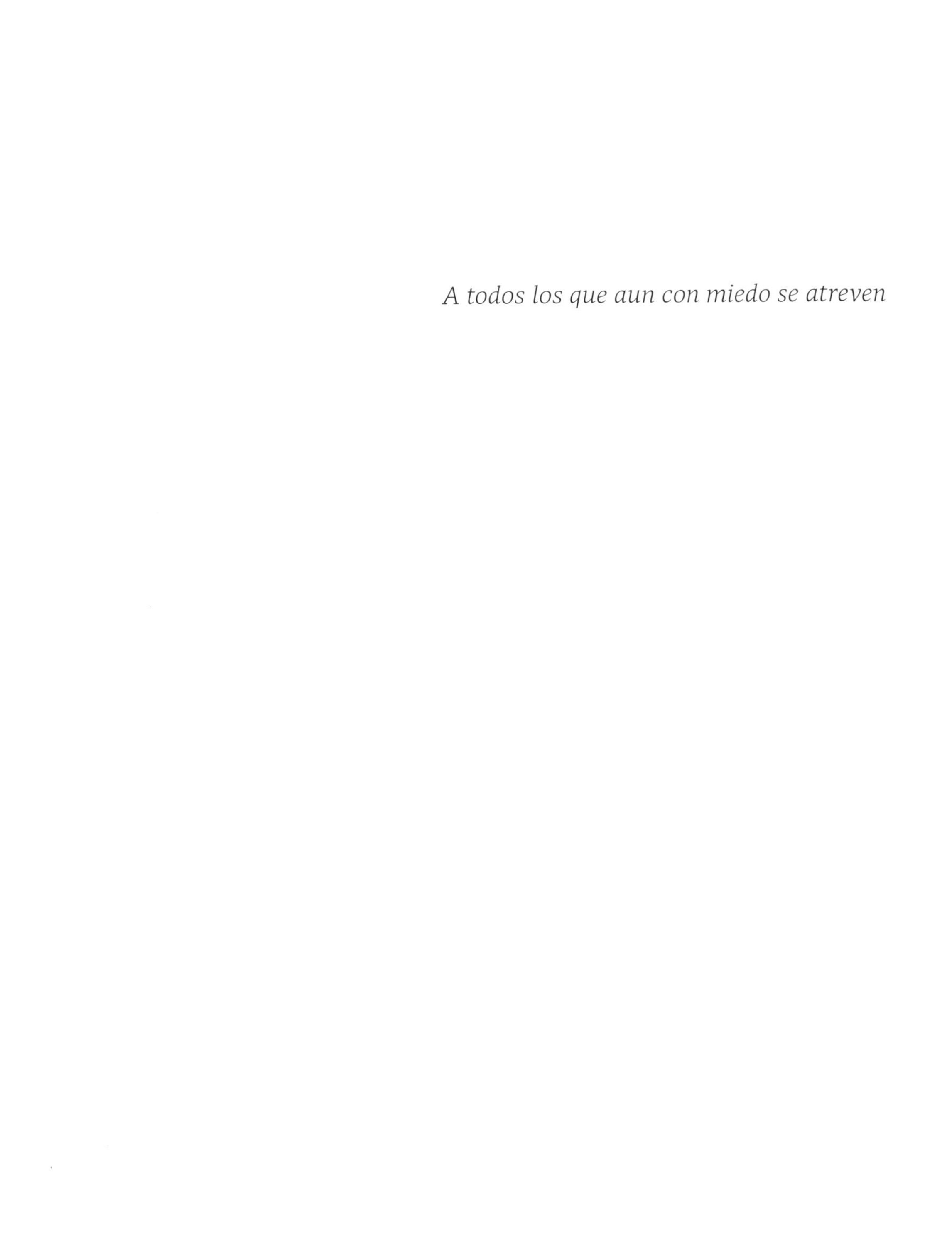

A todos los que aun con miedo se atreven

Y a mis personas:
A Mamá, a Papá, a Jorge, a Ginn y a Borja

ÍNDICE

Tenemos dos vidas: la segunda comienza
cuando nos damos cuenta de que solo tenemos una.

Confucio

DE LA VIDA

ME NIEGO

Me niego a doblegarme ante el deseo de aquellos
que me imaginan distinta.
Me niego a domesticarme.

Me niego a creer que no soy suficiente
a los ojos de alguien,
incluso a los propios.

A condenarme a encajar
en los estándares que otros
han establecido sobre lo esperado, lo correcto o lo perfecto.

Me niego a cumplir otras expectativas que no sean las mías.

Me niego a vivir en la espera de
que algún día alguien vendrá a salvarme.

Me niego a dibujarme límites,
porque contra todo pronóstico me creo capaz.
Me niego a conformarme.

[NOTA MENTAL]

Te pasas la vida esperando algo y
lo que se te está pasando es la vida.

ENERO

Contigo el contador se pone a cero,
y nos haces entender que la vida puede empezar muchas veces.
Haces que el pasado importe un poco menos
mientras nos llenas la mente de futuros menos imposibles.

Te hemos dejado con el marrón de cumplir
con todas nuestras expectativas,
pero también te regalamos
las ganas que implican
los comienzos.

Te vemos con los ojos del niño,
que se cree capaz de conseguirlo todo,
te cargamos con la responsabilidad
de arreglar todo un año de malas decisiones.

Te regalamos nuestra mejor versión,
y nos das la libertad de creernos capaces de todo.

Gracias por hacernos creer
        que siempre habrá otro intento.

DUDA
DE QUIEN
TE HACE
DUDAR.

LO QUE ERES

Eres el efecto, la causa y la consecuencia.
De ti mismo, de lo que eres, de lo que fuiste y de lo que serás.

Eres el resultado de lo que haces hoy
y de las decisiones que tomaste ayer.

Eres lo que dices y lo que callas.
Eres lo que sueñas mientras te quita el sueño conseguirlo.

Necesitas personas que aparezcan para destrozar tu zona de confort, y así no tener más remedio que construir una mejor.

ES AHORA

Da el golpe en la mesa.
Proclámate dueña de tus maneras,
y deja de contar los segundos que quedan para
dejar de parecerte a lo que eres.

Quédate con el tiempo que has perdido
deseando ser quien no fuiste.

Te delata ese ademán con el que recorres Madrid,
adueñándote de sus calles,
y de sus miradas esquivas.

Que se te ve por dentro cada vez que pasas,
rezumas transparencia.

Y no te molestas en esconder
ni un ápice de esa valentía
que te recorre las venas.

Y es que no debes conocer
el significado de causar indiferencia,
experta en dejar bocas abiertas,
corazones llenos y heridas cerradas.

HOY TE QUIERO RECORDAR ESTO:

- SIENTE MÁS.
- SONRÍE, TE QUEDA GENIAL.
- AGRADECE.
- DEJA DE PENSAR QUE NADA VA A CAMBIAR Y ACTÚA.
- HOY ESTÁS DONDE UN DÍA CREISTE QUE NUNCA LLEGARÍAS.
- ENVÍA ESE MENSAJE.
- QUÍTATE ESA ESPINITA QUE TIENES CLAVADA.
- HÁBLATE CON EL AMOR QUE HABLAS A LOS QUE QUIERES.
- DATE TIEMPO, PERO NO TE ACOMODES.
- EL AMOR A VECES DURA UN RATITO Y ES MEJOR ACEPTARLO.
- LOS DEMÁS NO TIENEN LA CULPA DE LO QUE NOS HICIERON.
- SE PUEDE VENCER AL MIEDO.
- NO TE CONFORMES DONDE NO ES.
- TIENES MAGIA.

A veces no estas preparado, pero la vida se empeña en que tiene que suceder ahora.

CON TODO ¿SI NO PA' QUÉ?

Quiero intensidad, desgastarme en cada intento.
Hacer que literalmente merezca la pena,
quiero exprimir la vida y retar al tiempo.

Quiero dejar de vivir en cámara rápida.
Quiero dejar aparcada la prisa.

Quiero lo mutuo,
a sabiendas de que no será eterno.

Impregnarme de la esencia de aquello que,
por azar o destino,
se ha cruzado en mi camino.

Invadirme de preguntas,
y no dejarme aplacar por el miedo.
Quiero que me pase la vida,
y no pasar por ella de puntillas.

LO BUENO ES QUE LO MALO TAMPOCO ES PARA SIEMPRE

Ver algo que antes dolía, y que ahora te da igual,
supongo que es la definición de superar.
Supongo que dice todo sobre la paz.

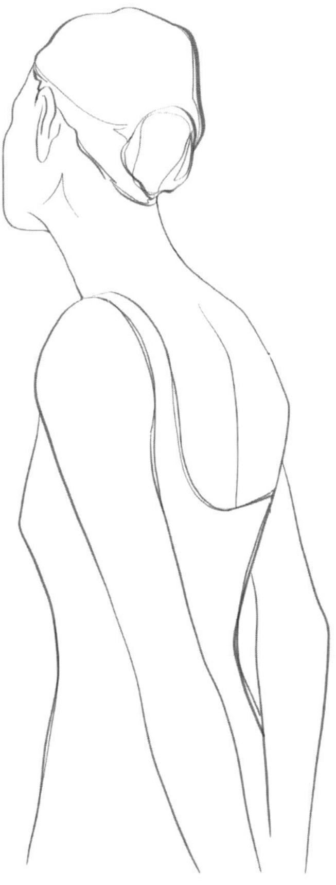

HUMANA

Me gustas cuando la risa te desborda,
y se te mezcla con el llanto.

Cuando la antítesis de los opuestos se une.

Me gusta cuando estás en silencio,
sabiendo que tienes mucho que decir.

Me gusta cuando desnudas tus defectos
proclamándote humana.

Cuando le pierdes el miedo al miedo,
y tomas tus riendas.
Cuando decides eclipsar a tus versiones pasadas.

[NOTA MENTAL]

Preocúpate menos y ocúpate más.
La mayoría de las cosas que te preocupan y te quitan el sueño no llegarán a suceder nunca.

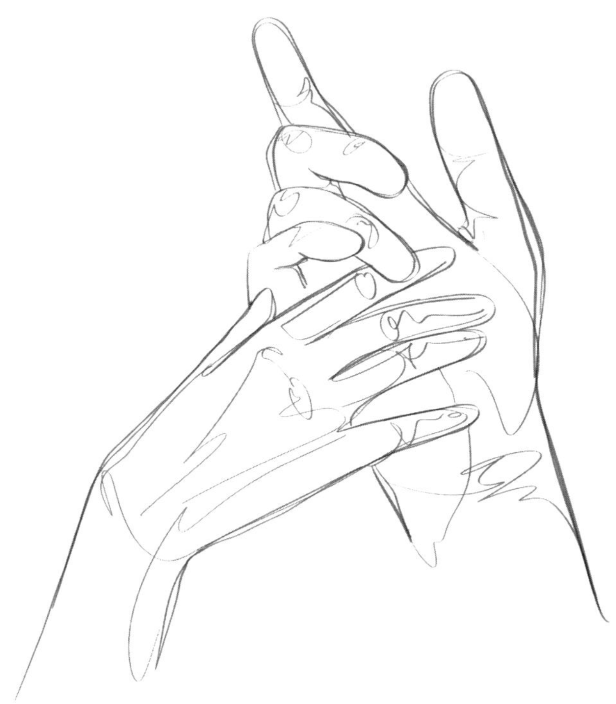

CASI TODO
LO QUE SUCEDE
EN TU VIDA
ES EL EFECTO
DE UNA DECISIÓN
QUE TOMASTE.

SI QUIERES
UNA VIDA DISTINTA
CAMBIA TU MANERA
DE ELEGIR.

NO NECESITAS. MERECES

Nunca te sientas mal por establecer estándares altos,
te mereces en tu vida personas
que te correspondan con tu misma energía.
Mereces lo que das.

LEALTAD

La gente cree que la lealtad tiene que ver con quedarse.

Pero tiene que ver con irse.

Cuando alguien en quien tú confiaste se va, se lleva tus secretos contigo. Pero hay quien es capaz de entender que, si un día fuimos tanto como para compartirlo todo, nunca seremos tan poco como para compartírselo al mundo.

Eso es la lealtad.

CÓMETE
LA VIDA
ANTES DE
QUE
TE COMA
EL TIEMPO.

[NOTA MENTAL]

La vida es todo eso que un día
aun con miedo decides empezar.

TODO LO QUE ME GUSTA

Me gusta lo que se cuida,
Lo que no hace falta presumirse,
porque se ve en los ojos.

Me gustan las costumbres.
Las tradiciones, lo de toda la vida.

Me gusta que se derrochen las ganas.
Los abrazos a mansalva,
y por la espalda.

Me gusta lo inquebrantable,
aun estando llena de grietas.

Me gusta la gente que se queda,
la última en abandonar el barco.

La que recoge la toalla de los que las tiramos.

AGOSTO

Experto en dar alas a las mentes que se atreven.
El mes que ralentiza el tiempo,
y nos baja de ese bucle de rutinas,
Y carreras a contrarreloj.

El mes en que la vida deja de ir rápido,
y se encuentra un equilibrio entre
—lo que quieres,
lo que necesitas
y lo que es posible—.

Siempre lleva por bandera el ¿y por qué no?
Me quedaría a vivir en tus atardeceres,
en la orilla del mar del norte, en la sal que dejas en nuestras pieles,
en tus risas, en tus bailes,
en tus viajes cantando a pleno pulmón en el coche,
en todas esas ventanillas que se bajan cuando te acercas al mar,
en tu olor a libertad.
En tu magia de parecer que todo es posible.

Siempre con tu manía de hacernos ver
en mitad de alguna tormenta
que todo lo bueno se acaba,
que los sueños siempre nacen en agosto,
pero se trabajan en septiembre.

- RESPIRA, IGNORA Y VIVE -

La vida es corta hasta
para los que viven mucho tiempo.

SARAH BERNHARDT

SIN RIESGO NO HAY HISTORIA

Soy una fiel defensora de que todo lo bueno al principio da miedo, porque nadie es capaz de jugárselo todo sin sentir cómo se tambalean las piernas y poco a poco se te acelera el ritmo cardiaco, y sin ver cómo tu mente se inunda de dudas y de todos esos boicots que retumban como mantras en tu cabeza.

Siempre tendemos a creer que el miedo nos paraliza, sin pararnos a pensar que igual es la razón que nos impulsa a seguir peleando.

Nos quedamos con «¿y si no sale bien?» cuando la verdadera pregunta es «¿y por qué no?». La vida, amigos, es de los que se atreven, de los que se la juegan, de los que lo intentan, de los que saben que siempre será mejor no quedarse con la duda de lo que pudo ser, pero no te atreviste a intentar.

Juégatela.

[NOTA MENTAL]

A veces es más difícil elegir el camino que recorrerlo.

SEPTIEMBRE

Que no venga nadie a decirte
que no cree en las segundas oportunidades,
a ti,
que cada año vienes a arreglar lo que no consiguió enero.
Experto en recoger toallas que tiramos
y en volverlas a colocar sobre nuestros hombros.
Llegas con la fuerza de quien se cree imparable,
nos haces creer que existe una última posibilidad de lograrlo.
Eres el impulso, el empujón.
Lo impregnas todo de ganas.

LUCHA
EL PLAN A.

Abraza lo que eres mientras construyes lo que quieres ser.

INNEGOCIABLES

Las ganas. Llorar de la risa. Escucharme. Poner mis límites y no saltármelos. Decir lo que siento. Cuidar de los míos. Pasar tiempo a solas conmigo. Quedar con amigos. Pararme a pensar si estoy donde quiero. Escuchar música. Abrazar a mis padres. Bailar. Ir a entrenar. Respetar mis tiempos. Escaparme a la montaña. La salud mental.

La lealtad. Saber que puedo cambiar de opinión. No perder el tiempo en aquello que no me hace feliz. Ponerme en el lugar del otro. Seguir aprendiendo a decir no. Querer por encima de mis posibilidades. Luchar.

HAZTE LA VIDA UN POCO MÁS FÁCIL

Si me preguntas cuál es el secreto de la felicidad puedo confirmarte que no tengo ni la menor idea, pero sí puedo prometerte que seguramente la vida es más fácil cuando aceptas tres cosas:

- Perdónate por tus errores, y aprende de ellos: son la única forma que existe de aprender.
- Elige bien a las personas que te rodean, pueden inspirarte y acercarte a tus metas o destruirte.
- Saca de tu cabeza lo que no está en tus manos, tienes que aceptar aquello que no depende de ti y que tú no puedes controlar.

[NOTA MENTAL]

Si el futuro no te emociona estás en el presente equivocado.

LO INESQUIVABLE

Nadie escapa del dolor, de la frustración, del fracaso, de la decepción ni de la traición.

Te aseguro que nadie sale ileso en esta vida de todo esto, nadie se va sin conocerlos, así que aprovéchate y aprende todo lo que vienen a enseñarte, para que en la próxima puedas esquivarlos.

La suerte es donde confluyen la preparación y la oportunidad.

SÉNECA

Que la suerte te pille trabajando.

TÚ DUDANDO
DE TI
Y LOS OTROS
ASUSTADOS
DE TU
POTENCIAL.

POR SI SE TE OLVIDA

Recuerda que ya has sobrevivido a cosas que nunca pensaste que sobrevivirías.
Y has peleado batallas de las que nunca te creíste capaz.
Lo volverás a hacer.

Confía.

CASA

Casa es donde puedes ser y no ser.
Donde el ruido parece que no traspasa esas paredes.
Donde el dolor duele la mitad porque se reparte y donde la alegría se multiplica.
Donde la incondicionalidad invade todo el espacio y sientes que no te alcanzan las balas.

Donde no piden porqués y la vida se vuelve algo más fácil.

Casa es el antídoto, es la cura.

[NOTA MENTAL]

Ocúpate más y preocúpate menos.

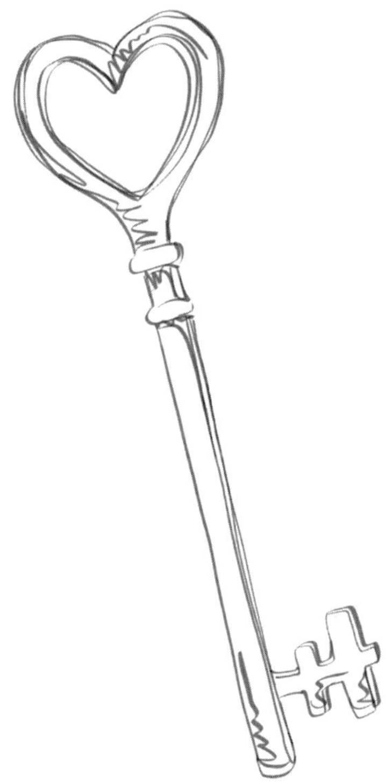

UN PACTO CONTIGO

La disciplina es no dejarte tirado en los planes que hiciste contigo mismo.

Es cumplir con tu palabra, es no fallarle a tu yo del pasado, que decidió que este camino era el mejor para ti.

La disciplina es el valor de tirar hacia delante cuando las ganas y la motivación brillan por su ausencia, cuando los días malos aparecen, y abandonar suena como la mejor de las opciones.

Es la apuesta segura, es lo que nos mantiene sin perder de vista el objetivo.

-La disciplina te va a salvar.

TU DESTINO
ERES TÚ TOMANDO
DECISIONES.
Y NO,
NO FUE EL DESTINO,
FUISTE TÚ
DEJÁNDOTE LA PIEL.

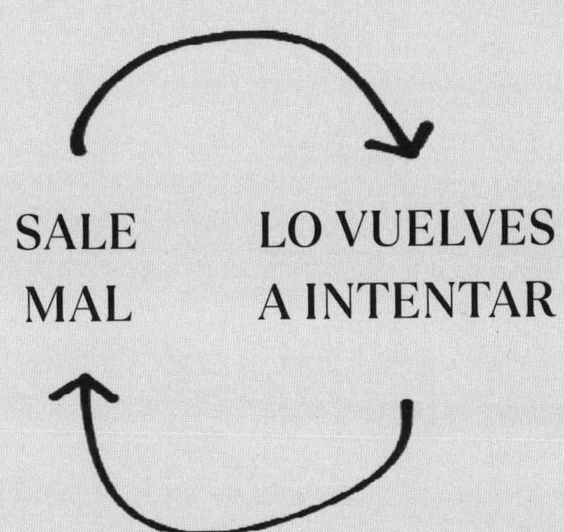
SALE
MAL
LO VUELVES
A INTENTAR

DEL AMOR

SI TE VAS, CIERRA LA PUERTA

Me cansé de despedidas,
y de que ninguna resultase cierta.
Me cansé de tus idas y venidas, de tus ahora sí, mañana no,
y tus hoy quizá.
Me cansé de no ser dueña de mi tiempo,
porque decidí mirar la hora a través de tus relojes.

Me cansé de hacer malabares con mis tiempos
para que encajasen en los tuyos,
me cansé de intentar que coincidiésemos
en el mismo espacio-tiempo.
Me cansé de remar contracorriente
y de remar por los dos.

JUÉGATE(LA)

Me atreví a quererte,
con la misma incertidumbre que se respira
en mitad de un atraco,
y con la certeza de que nunca saldría de ti
con el corazón intacto.

Me quité el antibalas a sabiendas
que, desde la primera vez que nos rozamos,
el disparo sería a quemarropa.

Me quedé contigo, y con mi complejo suicida.
El vaticinio del desastre,
nuestra historia tenía el final escrito desde el principio.

EN ESTADO PURO

El amor en su forma más pura no es otra cosa que la consideración.
Cada vez que piensas antes de actuar en cómo eso le hará sentir a otra persona.
Cuando te tienen en cuenta a la hora de tomar una decisión que saben que afectará de una manera u otra a tu vida.
Cuando observas y prestas atención a los detalles, cuando escuchas, cuando te ponen en la piel del otro.
En cualquier tipo de relación, lo que le importas a otra persona se mide proporcionalmente con cuánto te tiene en consideración.

LA VIDA PASA EN × 2
Y YO QUIERO VIVIRTE
A CÁMARA LENTA

¿CUÁNTO DOLIÓ Y CUÁNTO APRENDISTE?

Te perdí a ti, pero me encontré a mí.

En mitad de los escombros de lo que un día fuimos,
en la búsqueda desesperada de intentar
entender cómo se provocó la catástrofe.

Mientras me invadía la cabeza
un ejército de porqués,
con esa absurda manía que tenemos
de querer entenderlo todo.

En mitad de todo ese desastre,
no te mentiré, quizá seguía esperando el *porqué no*,
Pero encontré el *porqué sí*:

Porque me tenía que encontrar a mí.

QUÉDATE DONDE TE BUSQUEN

No cualquiera te busca cuando te escondes del mundo.
No todos aceptan a la primera de cambio ese no por respuesta,
porque hay quienes saben que algunas huidas son gritos de auxilio.

ALIADO

Eres lo más parecido a un domingo.
Y es que no eres refugio,
eres trinchera.
Tú, que viste cómo estallaban mis guerras y,
nunca me hiciste abandonar la batalla,
me ayudaste a ganarla.

VISTO Y NO VISTO

Me vas a durar un asalto, y a doler toda la vida.

TODOS NUESTROS INTENTOS

Tengo que darte las gracias, porque sí salió mal,
pero gastamos todos nuestros intentos de ser.

No nos dejamos a medias,
nos exprimimos hasta la última gota,
hasta vaciarnos para llenar al otro.

Y nos regalamos todas las versiones posibles de nosotros.
Y siempre he sido de esas personas que han creído,
que no hay mayor lección de amor que no dejar de intentarse.
Aunque a fin de cuentas no hayamos cruzado la misma meta,
gracias por la carrera.

POR SI ACASO

Di lo que sientes cuando lo sientes.
No esperes a llegar tarde.

SER, ESTAR Y PERDURAR

Estuve ahí,
rozando el límite entre quererme y querernos.

En la fina línea que separa el amor de la destrucción.
A un paso del abismo del amor propio.

Y tuve que elegirme a mí.
Tuve que elegir quererme, por encima de nosotros.

Si te hacen elegir, elígete a ti.

Hasta que no te sientas cómodo estando solo, nunca sabrás si estás eligiendo a alguien por amor o por soledad.

Sócrates

SIN MIEDO A VERNOS ARDER

Se apunta a un bombardeo,
y te pone la vida patas arriba.

No entraba en tus planes,
y ahora no sale de ellos.

Se ha mudado a tu cabeza
y ahora es dueña de cada centímetro de tu piel.

No te has dado cuenta,
pero es de esas que te incita a escoger el camino difícil.
De las que solo te dan la opción de jugártela,
sabiendo que solo juega con fuego quien está destinado a arder.

Rompe todos los esquemas,
y no entiende de estereotipos.
Anda todo el día con la luna y el mar en la boca,
y con esa risa tan peligrosamente contagiosa.

NOS HEMOS VUELTO A PASAR

He vuelto a echarte de menos.
Después de todo
(lo que nos hicimos)
y después de tanto
(que no nos hacemos).

He vuelto a llorarte, y a buscarte,
en esa zona del cerebro que dicen
que almacenamos los olvidos.

He vuelto a pensar si
de tanto hacernos nos deshicimos.

Y me pregunto si esto
será siempre así,
si estamos condenados a vivirnos en formato recuerdo.

A MAMÁ

Un día decidiste ejercer la generosidad en su máximo exponente, y escogiste de entre todas las opciones posibles, entregar todo a cambio de nada, sin ni siquiera conocerme, dándole a cada letra de la palabra altruismo una veracidad inquebrantable.

No sabías que tu vida nunca volvería a ser del todo tuya, porque ahora yo también la ocuparía, y desde entonces me adueñé de casi todo tu tiempo, y tras años de entrenamiento me convertí en experta de robarte el sueño, aún creo que lo sigo haciendo.

Literalmente no sería sin ti.
Sin ti no sería lo que soy contigo.

Gracias,
por la vida, por parar mis caídas y por patrocinar mis remontadas.

A PAPÁ

Eres el significado de la incondicionalidad, construyéndome día a día las alas que hoy me llevan exactamente adonde creo que seré feliz.

Gracias por estar ahí, siempre y pese a todo, cuando lo he merecido y más aún cuando no merecía nada.

Por sacrificar tu felicidad por la mía, por enseñarme la paciencia.

Por hacerme sentir que, en mitad del caos, siempre tendré un lugar seguro en tu regazo.

Por ser quien siempre, sin importar la hora, el lugar o el momento, está al otro lado del teléfono.

Por venir a buscarme hasta el fin del mundo.

Gracias por hacerme saber lo que merezco y por sin darte cuenta establecerme unos estándares tan altos.

Gracias porque cada vez que se hundió el barco,
tú decidiste convertirlo en submarino.

No te elegí nuestra primera vez, pero te elijo para el resto de mi vida.

DE LA CAÍDA

HUIDA

A veces vas a necesitas huir de todo, y
eso no implica necesariamente una derrota.

Vas a necesitar salir del juego,
para ver la partida desde arriba.

Vas a tener que decidir si quieres mover ficha
o si te la vas a jugar todo al negro.

Vas a tener que sentirte solo para averiguar
si realmente ya lo estabas,
incluso rodeado de gente.

Y vas a echarte mucho de menos,
porque vas a tener que perderte
para poder encontrarte.

Vas a deconstruirte, porque a
veces solo es posible
empezar a construir desde cero.

[NOTA MENTAL]

No te estás rindiendo,
te estás salvando.

DESPUÉS DE TODO

Después de todo estás aquí, otra vez más, viendo como creías que no podías, pero sí que pudiste.

Viendo como a veces te empeñas en creerte incapaz de luchar contra el mundo, pero tienes ya casi un manual de instrucciones.

Deberías empezar a creértelo,

sí, a creerte eso de que sí eres capaz de todo.

EL CAMINO

No corras tanto.
No tengas prisa por llegar,
disfruta cada curva, cada cuesta.
Aprovecha las bajadas para descansar, siente la paz de quien
está recorriendo el camino en el que quiere estar.
Aprende de cada caída, presta atención a las lecciones que van a enseñarte.
Permítete sentir todo aquello que te invada, entiende que una vez llegues al final no podrás volver a vivirlo por segunda vez exactamente igual.
Exprime cada experiencia.
La verdadera meta es conseguir entender que el final no tiene sentido sin disfrutar del camino.

Confía en el proceso.
Tu esfuerzo te está abriendo puertas que aún no eres capaz de ver.

[NOTA MENTAL]

Mantén las promesas que (te) hiciste,
no te traiciones.

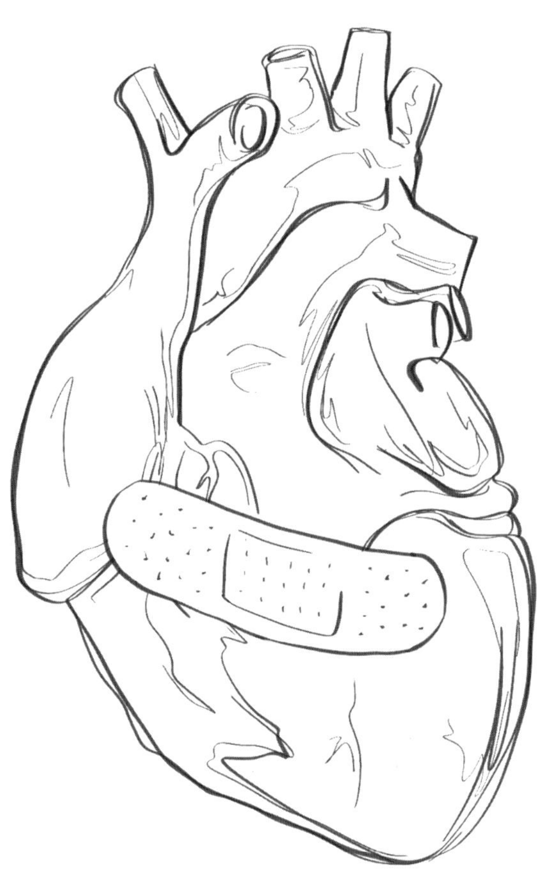

LO SÉ

Deja de fingir que no te importa, cuando en realidad te está quemando por dentro y cuando ocupa casi todos tus pensamientos.

Te duele, y no está mal.

Nadie elige que es lo que debería dolernos y lo que no.

Eres dueño de tu dolor, pero no lo ocultes para hacerlo más pequeño, no finjas que no existe.

Enterrar lo que nos duele no hace que desaparezca.

POR ENCIMA DE TUS MIEDOS ESTÁ LA OPORTUNIDAD

MÍRATE

Mírate, quién te lo iba a decir, has sobrevivido a todo lo que hace un año te daba pánico, has conseguido todo eso de lo que no te veías capaz.

Tenías miedo de cómo llegarías hasta aquí, de los tropiezos, de abandonar, tenías tanto miedo de no ser suficiente.

Y estás aquí, has llegado superando todas tus expectativas.

Todo parece siempre imposible hasta que lo haces.

PRIORIDAD

Si te echas de menos, ve a buscarte.
No te pierdas otra vez con lo que te costó encontrarte.

VAS A SALIR DE ESTA

Igual no está siendo tu semana, ni tu mes, igual ni siquiera está siendo tu año.

Pero una vez leí que lo primero que había que hacer para salir del hoyo era dejar de cavar, y ahí entendí que igual no puedes dominar el mundo, ni siquiera controlar lo que pasa en el pequeño espacio que te rodea.

Que sí, que es cierto eso de que no puedes controlarlo todo, y que el destino a veces hace de las suyas, y se empeña en sacarte a patadas de donde estás emperrado en quedarte.

Pero si hay algo sobre lo que puedes tener el control es sobre ti.

Puedes elegirte cada día, puedes quedarte o dar el golpe en la mesa, puedes irte sin esperar que la última gota rebose el vaso, puedes pelear por lo que quieras, puedes parar y ver si realmente el camino que andas te lleva a donde quieres llegar.

Puedes girarte para ver quién te cuida las espaldas, puedes cambiar de opinión, y también tienes todo el derecho a rendirte.

Pero siempre tienes que volver a empezar.

No te dejes para luego.

[NOTA MENTAL]

Te tratan como te tratas.

USA EL MIEDO
COMO GASOLINA
Y NO COMO FRENO.

SIN INSTRUCCIONES

Vivir es atreverse a empezar, con miedo y sin tener las cosas claras.
Y sabiendo que igual no sale bien,
vivir es intentarlo.

HAY MUCHAS VIDAS EN UNA

Claro que has cambiado, de eso va el juego, de no ser como ayer, de ser mejor.

De saltar las piedras que un día de tanto tropezar con ellas se hicieron viejas conocidas, de pasar página, o arrancarla, o de quemar el libro.

De cagarla, de caerte, de repetir errores y de volver a empezar.

Puede que a veces con algunas personas sea tarde, porque seamos sinceros, hay errores difíciles de perdonar, pero nunca será tarde para ti, siempre tienes una nueva oportunidad contigo.

No te des por perdido.

Te espero en la casilla de salida.

[NOTA MENTAL]

A veces te sientes fuerte,
pero te prometo que lo eres siempre.

NO ES FÁCIL

Hay que ser muy valiente para agacharse a recoger los trozos después de que te rompan porque sabes que antes o después te va a tocar reconstruirte.

Hay que ser muy valiente para no rendirte y no dejar de intentarlo, después de muchos intentos.

Hay que ser muy valiente para seguir adelante aun sabiendo que hoy no, pero quizá algún día sí.

[NOTA MENTAL]

Encuentra lo que te salva de ti mismo.
Y deja de pelear contigo, contra ti.

PARA UN MOMENTO

Permítete fallar,
permítete parar a descansar cada vez que lo necesites.
No te fuerces cuando sientas que ya no puedes más,
y nunca te lleves a tu límite.
Sigue hacia delante, aunque a veces te gires,
para ver con perspectiva desde donde empezaste
y todo lo que has conseguido.
Parar no es abandonar,
parar es a veces todo lo que necesitas para poder seguir.

Cada vez que escondes una parte de ti
para no incomodar a otros, te traicionas.

LA CURA

El tiempo no cura, cura lo que hacemos con el tiempo.

Cura cuando decides ponerte en el primer puesto de tu escala de prioridades.

Cuando con ganas e incluso muchos días sin ellas te esfuerzas por hacer aquello que sabes que te hará sentir mejor.

Cuando decides empezar esos proyectos que llevabas postergando años.

Cuando te atreves a bailar, y a cantar a pleno pulmón tu canción favorita en el coche.

Cuando escuchas a tu niña interior y decides cumplir los sueños que un día dejaste de lado porque solo eran cosas de niños.

Cuando viajas, cuando te permites el lujo de dejar de machacarte y de subestimarte.

Cuando lees, cuando sales con amigos, cuando te aficionas a un deporte.

Cuando sales de tu zona de confort e intentas cosas que nunca creíste que harías.

Cuando vuelves a reír.

Ahí es cuando el tiempo sí que todo lo cura.

RECORDATORIO

Siempre puedes cambiar de opinión, no tienes la obligación de responder a todo aquello que te pregunten, puedes no dar explicaciones de por qué has hecho algo o lo has dejado de hacer.

Puedes no contentar a todo el mundo, puedes equivocarte, y no tener siempre las palabras correctas.

No siempre tienes que saber qué hacer, puedes dudar, y puedes no tomar la decisión correcta.

Y no pasa nada.

Fingir que no te importa no hará que desaparezca.
Enfréntate al problema y a ti.

UNA Y OTRA VEZ

Persiste.
Ni el talento, ni la sabiduría, ni la inteligencia, ni el ingenio.
Nada puede suplir la persistencia.
Conseguirás todo aquello que repitas cada día.
Lo que haces se convierte en costumbre,
lo que repites se convierte en hábito,
Y no somos más que un conjunto de hábitos repetidos.

GRANDES DIFERENCIAS

Hay quienes utilizan sus traumas
para hacer daño a los demás
y quienes
los utilizan para
evitar dañar a otros, porque ya saben lo que duele.

QUIEN
NO TIENE
HERIDAS
NUNCA SALTÓ.

LA INJUSTICIA

El trauma no es tu culpa, pero es tu responsabilidad superarlo.

******

No es tu responsabilidad la idea que otras personas tienen de ti,
ni las expectativas que pretenden que cumplas.
No eres responsable de lo que creen que eres, ni de lo que se espera
que hagas.
Las únicas expectativas con las que tienes que cumplir son las tuyas.

NO ERES PARA MENOS

Deberías que entender que sí eres para tanto, que mereces el lugar que tú les das a los demás, que mereces ese amor que a ti te desborda por los cuatro costados.

Que mereces que te cuiden en la misma medida que tú cuidas.

Que mereces aquello en lo que te has dejado la piel de una manera incansable.

Que mereces que te levanten cuando has gastado toda tu fuerza en levantar a otros.

Que mereces darte el tiempo que necesites, mereces darte la oportunidad
de parar, de abandonar y de volver a empezar.

No mereces menos.

[NOTA MENTAL]

Quien tiene prisa, tropieza.

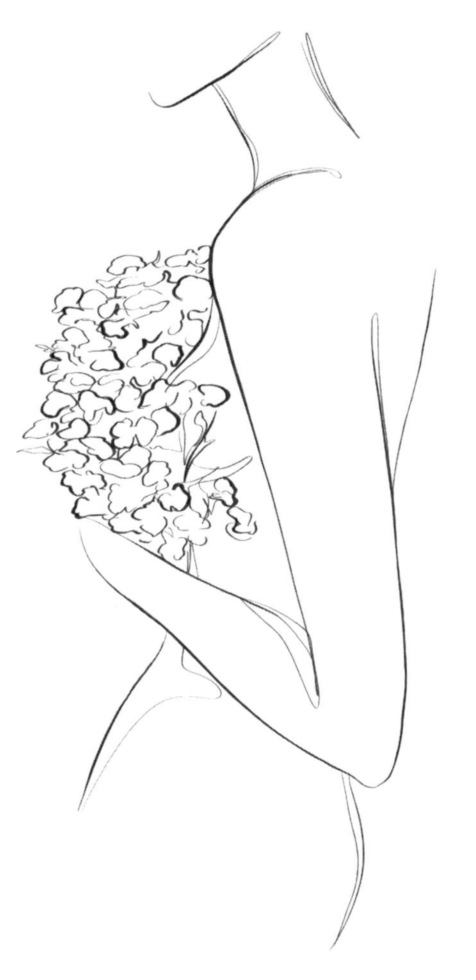

DE LO QUE NO ESTÁ EN NUESTRAS MANOS

A TU RITMO ES BUEN RITMO

Sé que has pasado media vida creyendo que siempre llegas tarde,
pero no puedes medir tus tiempos con los relojes de otros.
No vas tarde, vas justo a tiempo.

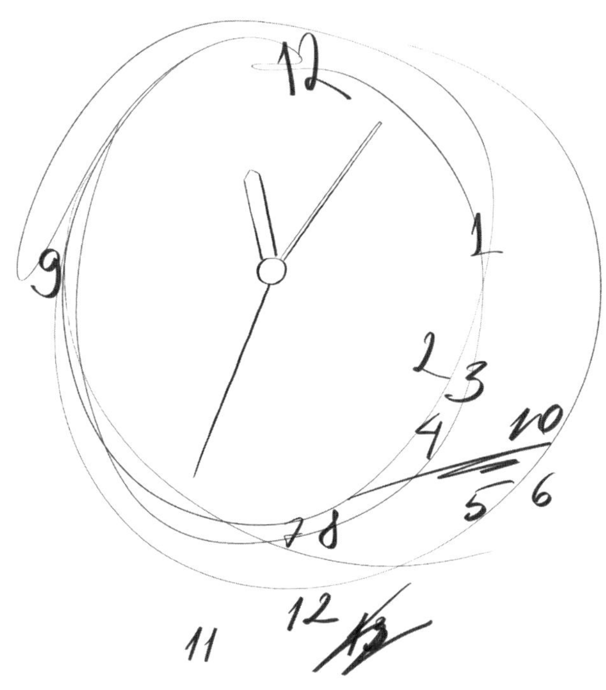

DEJA DE ESPERAR

No esperes.

Ni al momento perfecto, ni al viernes, ni a empezar los lunes, ni a quien se fue, ni a quien siempre promete volver.

No esperes a quien quieres ser, ni a quien fuiste, no esperes a que otros cambien, no esperes a mañana.

Tu vida está sucediendo exactamente ahora, y mañana no es más que tu presente de ayer.

Hazlo hoy, lo que sea que quieras hacer.

GRACIAS

Deberías darte las gracias.

Por cada vez que pensaste que no lo conseguirías,
y ahí estabas luchando
un día tras otro contra ti mismo,
contra cada uno de tus miedos.

Contra cada eco de tu cabeza que
te hizo sentir que no eras suficiente,
contra cada caída que remontaste
de una manera tan épica.

Por cada vez que retumbó en tu cabeza
la pregunta de
—si era el momento de abandonar
o de intentarlo una última vez más—
y porque tú siempre elegiste la segunda opción.

Por cada vez que te sentiste
menos capaz que los demás,
y por cada vez que la motivación fue
si otros pueden,
—¿Por qué yo no?

Por lo solo que te sentiste en tu camino,
y por las nuevas personas que se cruzaron en él,
que hicieron que todo mereciera un poquito más la pena.

Que sí, que todos contábamos ya con eso de que
—si es bueno no será fácil—
pero joder,
nadie nos contó la parte de que se iba a poner tan difícil.

Date las gracias por intentarlo,
por lucharlo.

Porque nadie tiene más posibilidades de lograr algo
que aquel que hace todo lo necesario por conseguirlo.

ESPERA

Aún no lo sabes,
pero todo lo que ha pasado,
todo aquello que vino a alterar tu mar en calma,
y que casi con certeza me atrevo
a decir que te rompió en mil pedazos.

Lo que te arrastró hasta lugares que por decisión
propia nunca hubieses pisado.

Aquella época de la que pensaste
que definiría el resto de tu vida,
o que al menos cambiaría el curso de las cosas.

Todo aquello que pasó,
—y lo que no pasó—
tuvo que pasar para que hoy pueda pasar
lo que está pasando.

******

Reincidentes los domingos,
expertos en meter el dedo en la llaga,
en abrir heridas que aparentemente parecían cerradas.

TE DIRÍA

Te diría que es fácil hacer como si nada, cuando algo te quema por dentro,
—pero no lo es,
no cualquiera se atreve a arreglar mundos ajenos cuando el suyo está en ruinas.

Te diría que no hagas caso del miedo, pero sé lo que es sentirte paralizado y ver como el «no puedo» le gana todas las batallas al «quiero».

Y no sentirte capaz,
y ver que la vida pasa mientras tú te mantienes inmóvil al paso del tiempo.

Te diría que es fácil eso de atreverse, de jugársela, de no pensar en las múltiples consecuencias de tus actos, pero no lo es.

Te diría que es fácil, esto de vivir, pero te estaría mintiendo.
Pero sí que te diré que puedes elegir entre que el miedo sea tu enemigo o un compañero de viaje.

No es fácil, pero no te lo hagas más difícil.

******

¿Sabes cuando algo se te escurre de las manos y lo ves caer a cámara lenta?

Y sabes que se va a romper, porque no te da tiempo a reaccionar, porque crees que está ya demasiado cerca del suelo, y tu mente se queda paralizada mientras tu corazón se plantea si merece la pena agacharte e intentar salvarlo.

Pues eso pasa, pero con las personas.

TE QUERRÁS

Te vas a odiar.

Muchas veces.

Por hacer lo que no tendrías que haber hecho, por no hacer cuando tenías que hacer, por hablar de más, y por hablar de menos.

Por ser demasiado atrevida, o por no atreverte.

Por tomar decisiones demasiado precipitadas, y por no ser capaz de tomar otras después de años.

Por aguantar tanto cuando no te lo merecías, y por no ser capaz de aguantar nada cuando otros merecían un mínimo de tu paciencia.

Por perdonar demasiado rápido, y por no ser capaz de hacerlo aun queriendo.

Por echar de menos, y por echarte de menos.

Por no ser capaz de dar el golpe en la mesa.

Por todas las veces que no te creíste suficiente y por las que hiciste sentir a otros que no lo eran.

Por no ser capaz de expresar lo que sentías, por sentir demasiado, y otras por no ser capaz de sentir nada.

Te vas a odiar por casi todo,

pero te vas a acabar queriendo por encima de todo.

******

Has vuelto a escuchar las canciones que antes te dolían.

Te has curado.

A VECES NUNCA Y ESTÁ BIEN

Algunas cosas no van a salir bien a la primera, y otras probablemente no salgan nunca, te vas a emperrar en sueños que algún día descubrirás que era necesario que no se cumplieran para que pudiesen cumplirse otros.
Vas a acabar entendiendo que hay batallas que se ganan peleándolas y otras que se ganan con retiradas.
Te vas a decepcionar, con el mundo y contigo misma, y va a pasar más de una vez.
Vas a intentar buscarle el porqué a algunas cosas y no vas a obtener respuesta, y te va a costar asumir que a veces simplemente no hay una explicación para lo que nos pasa, no siempre existe una razón.

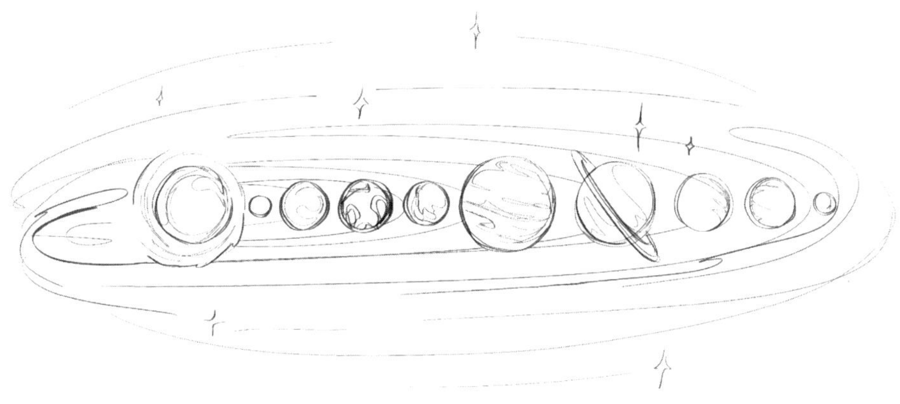

DESPUÉS DE LA ÚLTIMA CUESTA ESTÁN LAS MEJORES VISTAS

No deberías exigirte tanto,
Estás aprendiendo durante el camino y a vivir solo se aprende viviendo.
Acéptalo y date un tiempo.
Ten paciencia contigo y con los demás,
ninguno sabemos a ciencia cierta en qué consiste esto de la vida.
Habrá cosas que ahora no te gusten,
y que probablemente por ahora no las puedas cambiar.
Sigue trabajando en ellas, no te rindas.
A veces algunos caminos parecen imposibles, pero solo son un poco más largos que otros.
Aprende durante el camino, de las caídas, de las personas, de las situaciones.
Son lecciones que te servirán para recorrer otros caminos.

Cuesta años aprender a usar la sinceridad como linterna y no como revólver.

NEORRABIOSA

******

Te vas a obsesionar con que funcionen algunas cosas, vas a intentarlo una y otra vez, incluso vas a pensar que el problema eres tú.

(No lo eres).

No encuentras lo que buscas, porque estás buscando en el sitio equivocado.

(De donde no hay no se puede sacar).

CONSEJO

Sé fiel a ti mismo, a tus valores, a lo que piensas, a aquello en lo que crees. Elige un camino que puedas recorrer sin tener que traicionarte a ti mismo. Busca personas bonitas con almas sanas, y corazones dispuestos a querer y a dejarse querer. Cura, cuida y que sea recíproco. Aprende a perdonar y que nada se te enquiste demasiado. Cuando caigas date tu tiempo, pero no te quedes demasiado en el suelo, la vida va muy rápido. Ten fe en ti, y sueña y quiere por encima de tus posibilidades, porque el amor y los sueños son la razón de que estemos viviendo.

CLARO
QUE
PUEDES.
DEJA DE
PENSAR
QUE NO.

A VECES YA NO

Nunca sabrás del todo muy bien por qué, pero ya no.
Todo aquello que un día te quitó el sueño, o lo que fue la razón de levantarte cada mañana, aquello que patrocinaba todas tus sonrisas, o lo que creíste que nunca ibas a superar.
De repente un día ya no.
Un día ya no duele, un día ya no ocupa todos tus pensamientos, un día simplemente en mitad de una carcajada recuerdas que ya no piensas en todo eso.
Un día dejas de echar de menos y te ves sonriendo en otros ojos.
Un día lo has conseguido o simplemente has cambiado de camino.
Ya no se te encoge el pecho.
Has vuelto.

Se acabó el invierno.

LAS ÚLTIMAS VECES NUNCA AVISAN

Nunca sabemos cuándo estamos dando el último beso.

Cuando es la última vez que estaremos llorando de la risa, o gritando nuestra canción favorita en el coche a pleno pulmón.

No sabemos cuándo será nuestro último baile.

No sabes cuándo será la última vez que hables con tu madre, o que abraces a tu padre, no sabemos la última vez que estaremos con un hermano sin decir nada, pero diciéndonoslo todo.

No sabes la última vez que cenarás con esa amiga, no sabes cuándo será tu último verano o tu última Navidad.

No sabes cuándo cambiará tu vida de un día para otro. Cuando habrá personas que ya no estén, cuando el mundo que conoces no se parezca en nada al que conociste.

Pero sabes lo que tienes ahora, el ahora es el único para siempre.

Aprovéchalo.

Algunos comienzos implican necesariamente algunos finales.

Este libro se terminó de imprimir
en junio de 2025.